THE AUTHORS
Creation and co-writing: Yuval Noah Harari
Adaptation and co-writing: David Vandermeulen
Adaptation and illustration: Daniel Casanave
Colors: Claire Champion

ALBIN MICHEL
Editor: Martin Zeller
Editing and coordination: Lauren Triou, Agathe Camus

SAPIENSHIP STORYTELLING
Production and management: Itzik Yahav
Management and editing: Naama Avital
Marketing and PR: Naama Wartenburg
Editing and coordination: Ariel Retik
Research: Jason Parry, Jim Clarke, Zichan Wang, Corinne de Lacroix, Dor Shilton
Translation and editing: Adriana Hunter
Diversity consulting: Adi Moreno
www.sapienship.co

Sapiens: A Graphic History, The Masters of History(Vol.3)

Copyright ⓒ 2023 by Yuval Noah Harari
Korean translation copyright ⓒ 2024 by Gimm-Young Publishers, Inc.
All rights reserved.

A graphic novel adaptation developed in partnership with Editions Albin Michel.

This Korean edition was published by arrangement with Yuval Noah Harari.

이 책의 한국어판 저작권은 저작권자와의 독점 계약으로 김영사에 있습니다.
저작권법에 의해 한국 내에서 보호를 받는 저작물이므로 무단전재와 무단복제를 금합니다.

사피엔스
: 그래픽 히스토리

Vol.3
역사의 배후

Sapiens 유발 하라리
다비드 반데르묄렝 각색 | 다니엘 카사나브 그림 | 김명주 옮김
: A Graphic History

Yuval Noah Harari

김영사

역사를 배우는 목적은
과거를 기억하는 것이 아니라
과거에서 해방되는 것이다.

_ 유발 하라리

차례

역사 연대표	6
역사의 배후	8
레이디 엠파이어 vs. 세계	66
우리가 신뢰하는 캡틴 달러	131
스카이맨의 계시	192
감사의 말	274
이 책의 내용에 대해	275

역사 연대표

138억 년 전　　　　물질과 에너지가 생김. 물리학의 시작.
　　　　　　　　　원자와 분자의 생성. 화학의 시작.

45억 년 전　　　　행성 지구의 형성.

38억 년 전　　　　생물의 출현. 생물학의 시작.

600만 년 전　　　 인류와 침팬지의 마지막 공통 조상 할머니.

250만 년 전　　　 아프리카에서 인류가 진화함. 최초의 석기.

200만 년 전　　　 인류가 아프리카에서 유라시아로 확산함.
　　　　　　　　　다양한 인류 종의 진화.

40만 년 전　　　　유럽과 중동에서 네안데르탈인이 진화함. 불의 일상적 사용.

30만 년 전　　　　아프리카에서 호모 사피엔스가 진화함.

7만 년 전　　　　 인지혁명. 허구의 출현.
　　　　　　　　　역사의 시작. 사피엔스가 아프리카 밖으로 확산함.

5만 년 전　　　　 사피엔스가 호주에 정착함. 호주 대형 동물 멸종.

3만 년 전　　　　 네안데르탈인의 멸종. 호모 사피엔스가 유일하게 살아남은 인류 종이 됨.

1만 5,000년 전　　사피엔스가 아메리카에 정착함. 아메리카 대형 동물 멸종.

1만 2,000년 전	농업혁명. 동식물을 길들임. 영구적 정착.
5,000년 전	최초의 왕국, 문자, 돈, 다신교.
4,250년 전	최초의 제국(사르곤 대왕의 아카드 제국).
2,500년 전	주화의 발명 — 보편적인 돈. 페르시아 제국 — 보편적인 정치 질서. 인도의 불교 — 보편적인 가르침.
2,000년 전	중국의 한 제국. 지중해의 로마 제국. 기독교.
1,400년 전	이슬람교.
500년 전	과학혁명. 인류가 자신의 무지를 인정하고 전례 없는 힘을 획득하기 시작함. 유럽인들이 아메리카와 바다를 정복하기 시작함. 지구 전체가 하나의 역사적 무대가 됨. 자본주의의 부상.
200년 전	산업혁명. 가족과 지역사회가 국가와 시장으로 대체됨. 동식물의 대량 멸종.
현재	인류가 지구라는 행성의 경계를 뛰어넘음. 핵무기가 인류의 생존을 위협함. 생물이 점점 자연선택보다 지적 설계의 영향을 받기 시작함.
미래	지적 설계가 생명의 기본 원리가 될까? 비유기적 생명 형태가 출현할까? 인간은 신이 될까?

역사의 배후

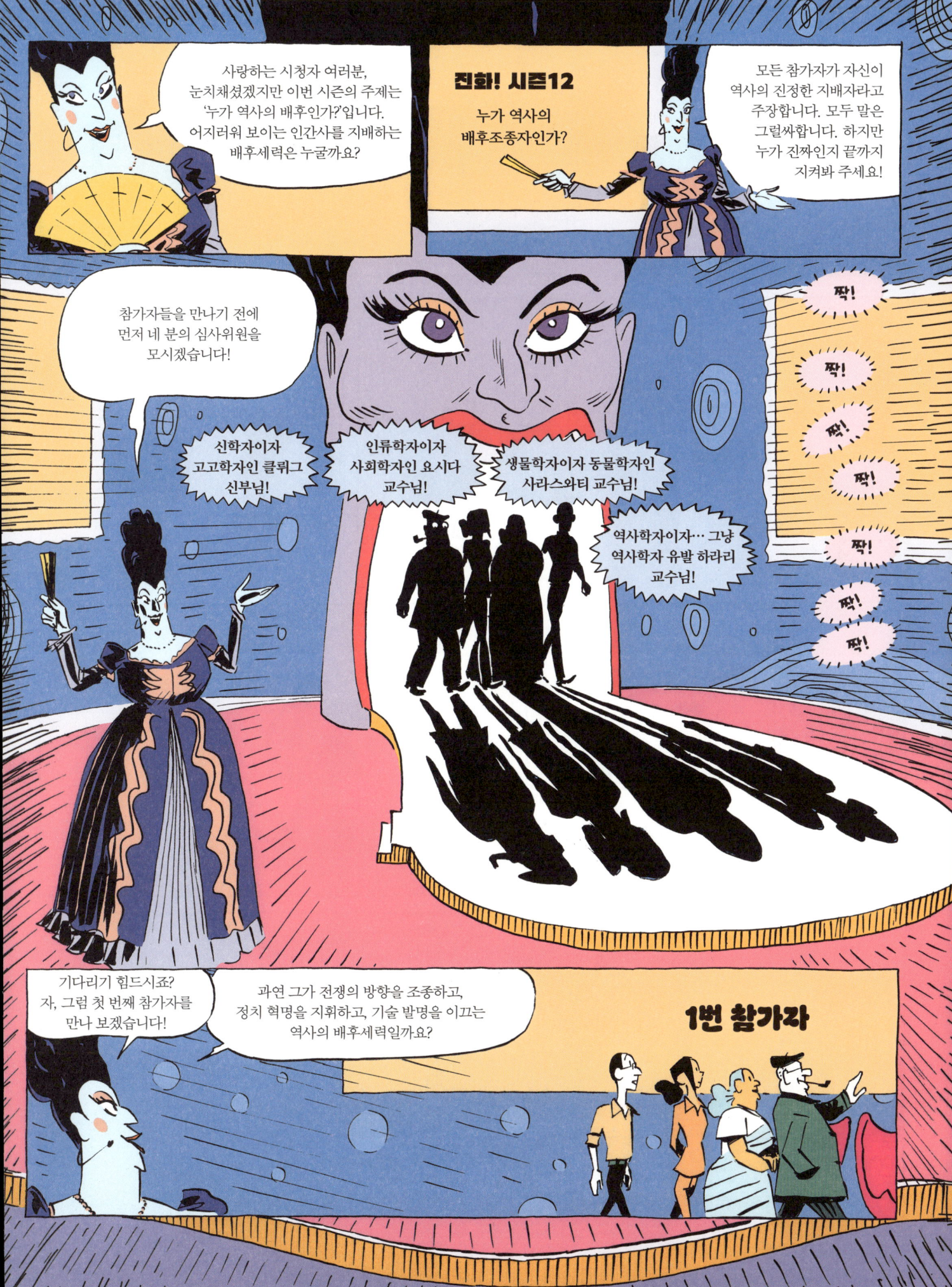

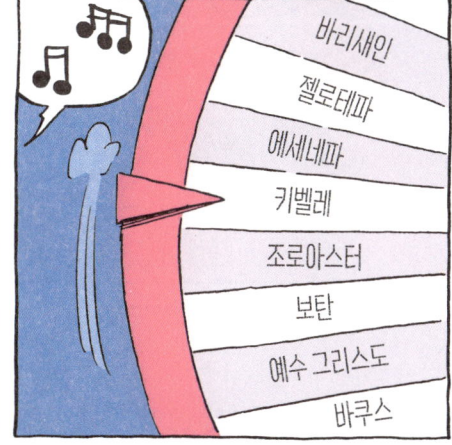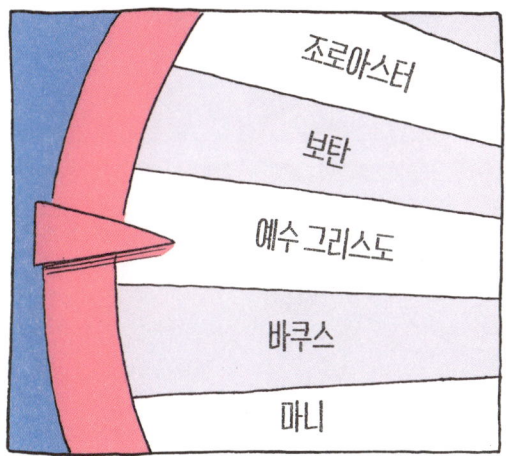

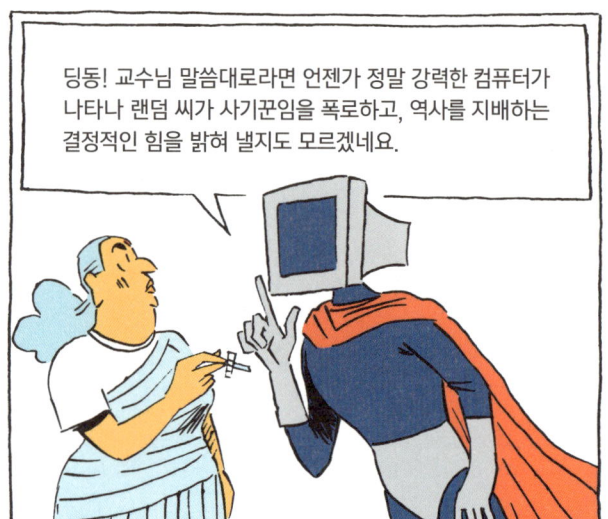

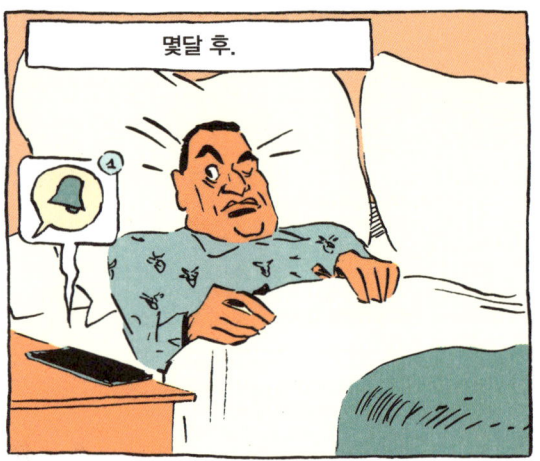

네, 인간 집단도 저마다 독특한 사회 시스템을 가지고 있지만, 그리스인과 페르시아인의 차이는 생물학적이지 않고, 문화적입니다.

유전자보다는 신념의 문제였어요. 그리고 신념과 정체성은 시간이 흐르면서 변했죠.

살라미스 전투에서 일부 그리스인은 페르시아 편에서 싸웠어요. 나중에 펠로폰네소스 전쟁에서는 그리스인이 그리스인을 죽이는 한편, 페르시아 왕과는 동맹을 맺었죠.

알렉산드로스 대왕이 페르시아 제국을 정복한 후 헬레니즘 문화가 탄생했는데, 이는 그리스와 페르시아의 영향을 융합한 거였죠. 고팬지나 침킬라는 세상에 없지만, 셀레우코스 제국은 그리스와 페르시아의 융합이었어요.

생물종과 달리 인간 집단은 자주 융합하죠.

게르만족이 서로마 제국을 정복했을 때, 그들은 많은 정치, 법률, 군사, 사회 사상과 함께 기독교를 받아들였어요. 프랑크 왕국은 게르만과 로마의 혼합이었죠.

물론 기독교 자체도 유대교, 그리스 사상, 페르시아 사상이 합쳐진 결과죠. 일례로, 죽은 후에도 영혼이 계속된다는 개념은 그리스 철학에서 왔어요. 구약성서에는 그런 내용이 없습니다! 그리고 세계가 선한 신과 악마의 전쟁터라는 개념은 페르시아에서 왔어요.

칭기즈칸과 그의 후예들이 수많은 중국 국가들을 정복했을 때, 몽골인은 많은 중국 사상과 관행을 도입했습니다. 그 결과 몽골과 중국이 섞인 원 제국이 탄생했죠.

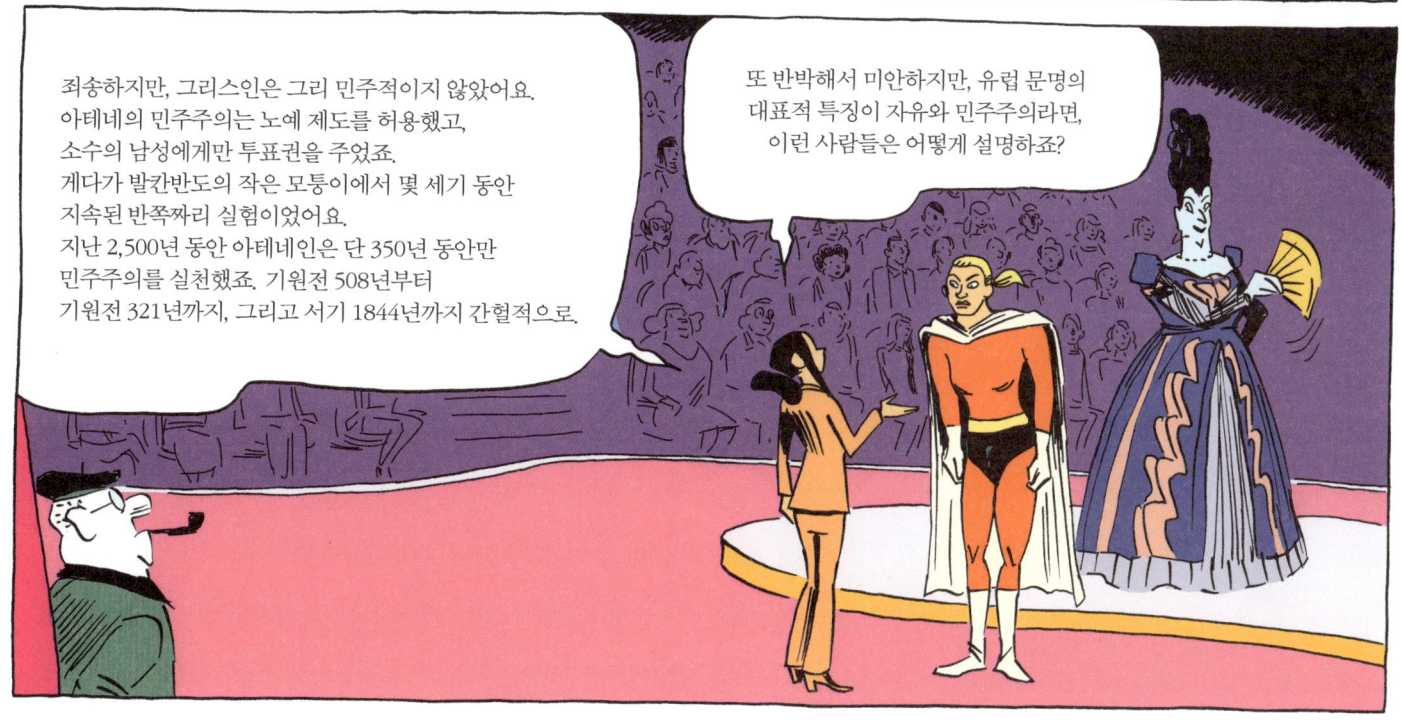

37

사람들은 자신의 정체성을 정의하려고 할 때마다 변하지 않는 특징에 초점을 맞추지만, 그건 잘못이에요. 공통된 갈등을 찾는 것이 더 좋은 방법입니다.

근대 초기에는 종교 갈등이 유럽을 정의했어요.

1572년에는 유럽인이 가톨릭과 개신교 사이의 작은 교리 차이에 집착하는 사람을 의미했어요. 그들은 이 차이 때문에 수백만 명을 죽일 준비가 되어 있었죠.

당시 유럽을 지나가던 힌두교도는 그들이 무엇 때문에 싸우는지 이해하지 못했을 거예요. 그런 당혹감을 느낀다는 사실이 그 힌두교도가 다른 문명에서 온 사람이라는 증거죠!

어떤 시대든 마찬가지예요… 히틀러도 처칠과 다름없는 유럽인이었어요. 두 사람의 대립은 두 문명 간의 갈등이 아니었어요. 그건 역사의 그 시점에 유럽인이란 무엇을 의미하는가를 둘러싼 갈등이었어요.

하지만 라스코 동굴에 벽화를 그린 사람들이 1942년에 도르도뉴에 나타났다면, 그들은 스스로를 유럽인이라고 생각하지 않았을 거예요. 인종과 제국에 대한 유럽인의 의견 차이는 그들에게 아무 의미가 없었죠.

딸기나 따지 말고 우리 좀 도와주면 안 되나?

오늘날 전 세계에서 벌어지는 갈등은 대체로 하나의 세계 문명 내부의 대립입니다.

십자군 전쟁도 문명 간의 충돌이라기보다는, 한 문명 내의 의견 충돌로 볼 수 있어요. 십자군과 이슬람군은 그리스와 로마의 전통을 공유했고, 매우 비슷한 일신교 교리를 믿었죠. 과연 리처드 1세와 살라딘의 차이가 히틀러와 처칠의 차이보다 더 컸을까요?

하지만 갈등이 너무 많아요!

어쨌든 내부 싸움이죠.

우리는 이방인보다 가족끼리 싸우는 경우가 더 많아요. 미국과 이란은 수십 년 동안 대립해 왔지만, 그들은 이방인이 아니에요. 그들은 세계에 대해 여러 가지 같은 생각을 가지고 있죠… 둘 다 국민국가예요. 똑같은 경제 이론에 의존해 인플레이션에 대처하고, 똑같은 무기로 전쟁을 치르고, 똑같은 의학 이론으로 전염병에 대처하죠.

흑사병이 전 세계를 강타했을 때 중국인, 인도인, 이란인, 유럽인은 흑사병에 대해 매우 다른 견해를 가지고 있었어요. 하지만 코로나19가 발생했을 때는 모든 사람이 기본적인 사실에 동의했죠. 예를 들면, 모두가 코로나19는 흑마술이나 별의 불운한 배열 때문이 아니라 바이러스 때문이라고 생각했어요.
또 우주의 기본 법칙에도 동의하죠. 만일 이란인이 물리학에 대해 미국인과 다른 해석을 가지고 있다면, 미국인은 이란의 핵 프로그램에 대해 걱정할 필요가 없겠죠!

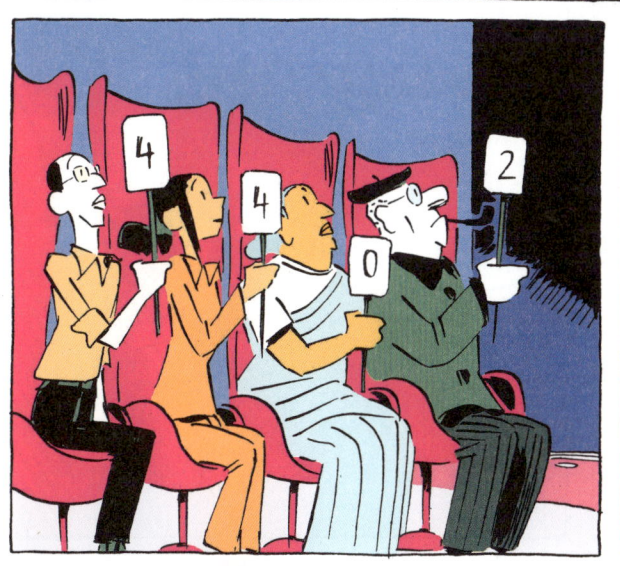

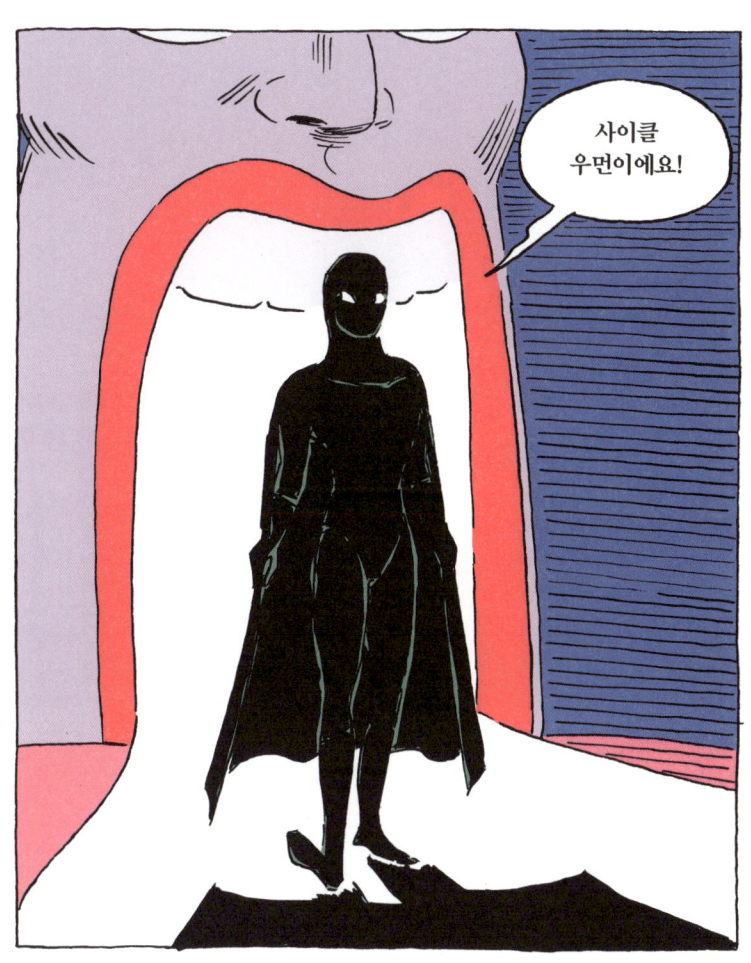

여러분이 그토록 열광한 칭기즈칸의 몽골 제국을 봐요. 몽골 제국은 점점 퍼져 나갔고… 전성기에는 아시아의 거의 전부와 유럽의 일부를 지배했어요!

시베리아
바이칼호
몽골
흑해
지중해
카스피해
아시아
메소포타미아
페르시아
아라비아
히말라야
티베트
중국
태평양
오만만
인도
벵골만
인도양

하지만 불과 몇 세대 후 산산조각 났죠!

200년 후.

시베리아
바이칼호
황금 군단
몽골
흑해
지중해
카스피해
아시아
칸 제국
메소포타미아
일한국
차가타이한국
히말라야
아라비아
티베트
중국
태평양
오만만
인도
남중국해
벵골만
인도양

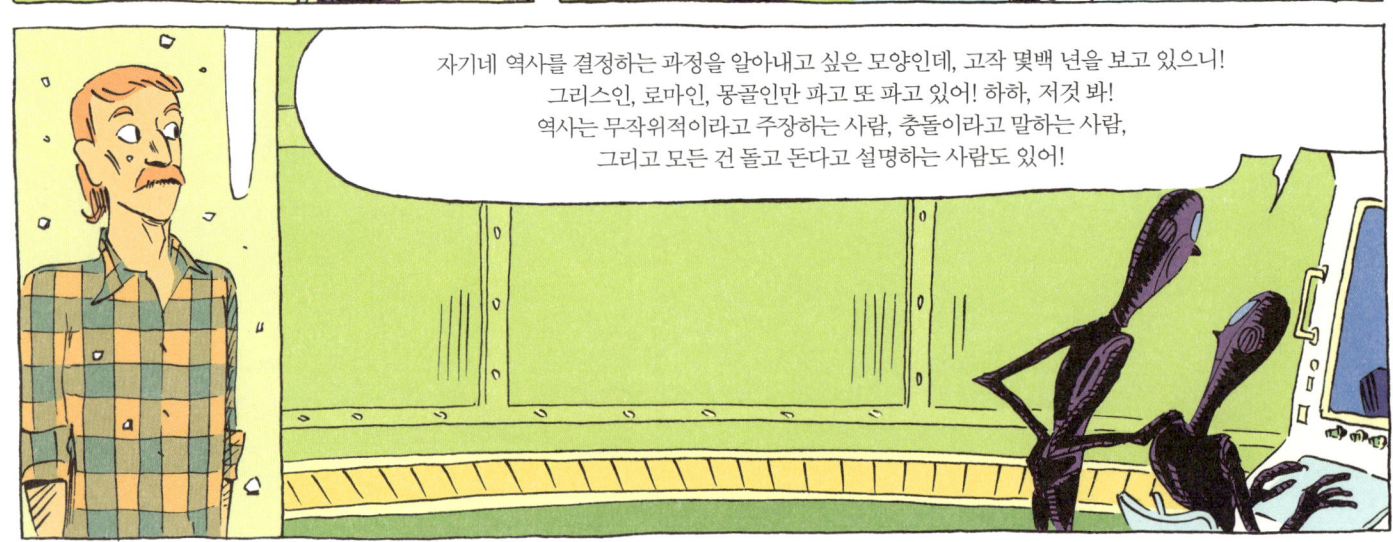

잠시 후, 애리조나.

그들은 자신들이 세상의 유일한 인간이라고 생각했어요. 고유 문화를 발전시키고, 그들만의 사회적·정치적 투쟁을 하고, 자기들끼리 전쟁도 했을 겁니다… 마치 별개의 행성과 같았죠.

1만 4,000년 동안 아무도 그들의 존재를 몰랐어요.

그러다 유럽인이 와서 그들을 파괴했어요. 마치 외계인의 침공처럼!

제가 좀 흥분했는데, 태즈메이니아만 그런 게 아니었어요. 인류 역사에는 더 많은 예가 있죠! 예를 들어, 378년 로마 황제 발렌스는 아드리아노플 전투에서 고트족에게 패해 죽임을 당했습니다.

같은 해, 마야 도시 티칼에서 착 톡 아이착 왕이 테오티우아칸 군대에 패해 죽임을 당했죠.

로마의 패배와 테오티우아칸의 등장 사이에는 아무런 연관이 없었어요. 즉, 로마는 화성에, 테우티우아칸은 금성에 있었던 셈이죠.

알겠어요? 별개의 행성이었다고요!

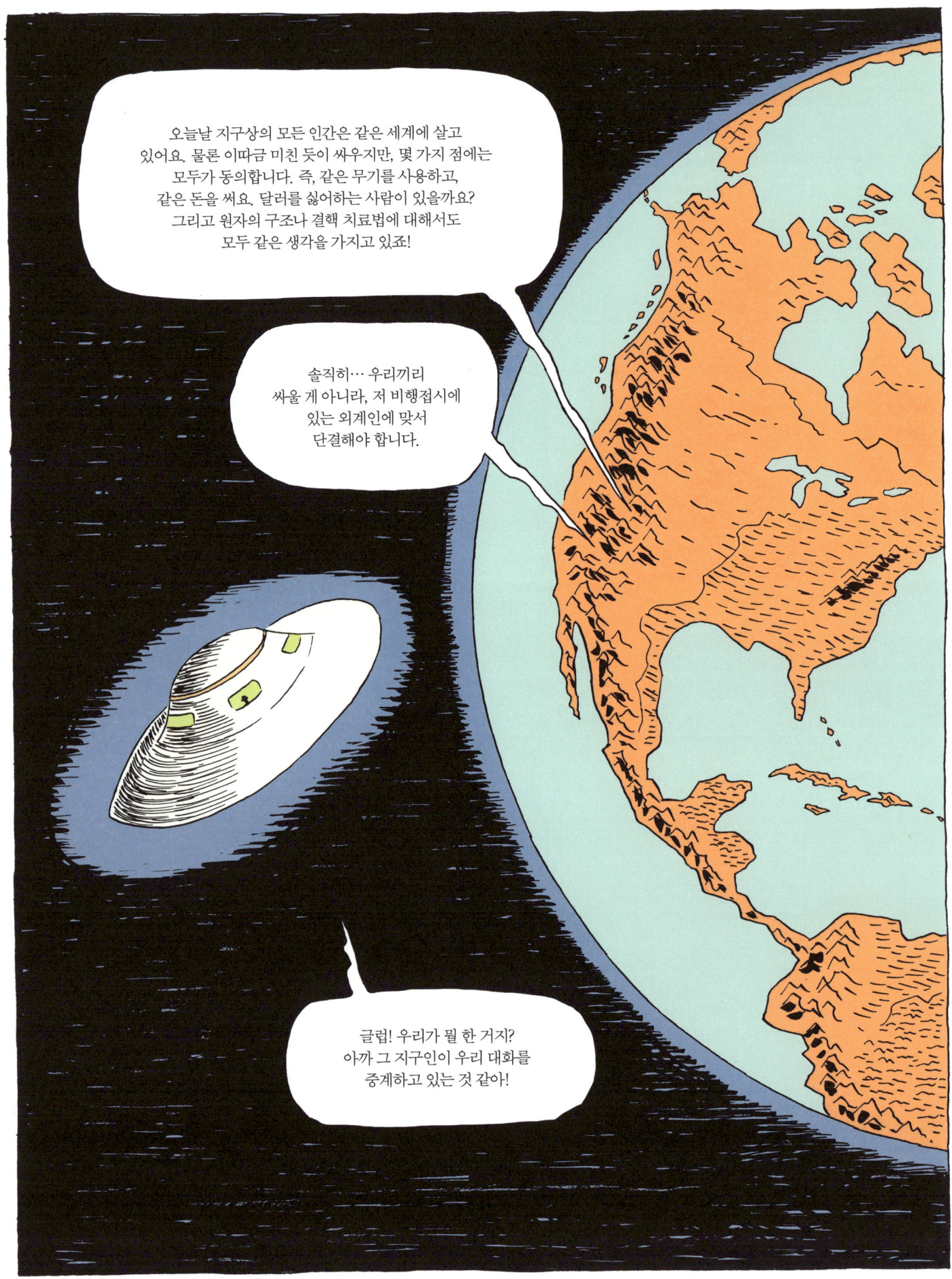

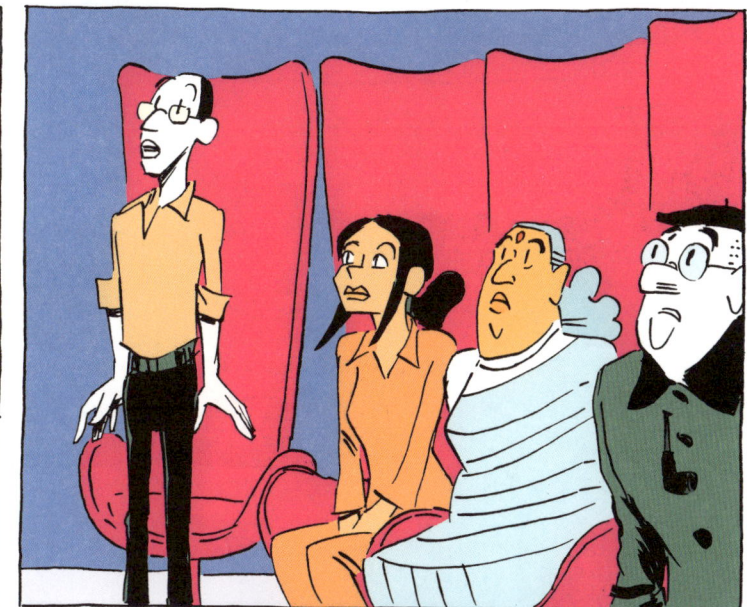

예를 들어, 파라오 메네스가 이집트를 통일했을 때 이집트인은 자기 나라에 국경이 있고 그 너머에는 '야만인'이 산다고 생각했어요.

5,000년 전.

그 '야만인'들은 외계인이자 위협으로 여겨졌어요. 그들은 이집트인이 원하는 땅과 자원을 가지고 있는 경우에만 관심의 대상이 되었죠.

고대 이집트인이 만든 종교도 다른 민족의 존재를 무시했어요. 사실 사람들이 창조한 모든 가공의 질서는 인류의 광범위한 부분을 무시하는 경향이 있었죠.

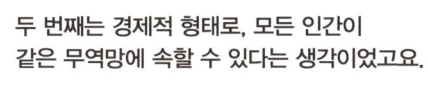

레이디 엠파이어 vs. 세계

제국의 역습
루카스 어스워커 제공

기원전 146년, 자유의 암흑기

로마 제국군은 지중해 전역에서 거의 모든 자유인을 정복한 후 그들을 복속시키고 노예로 삼았다!

기원전 146년, 로마 제국은 코린트시를 정복하면서 독립 그리스의 도시 국가들은 로마의 속주가 되었다.

같은 해, 용감한 도시 카르타고가 로마의 명장 스키피오 아이밀리아누스의 군대에 의해 잿더미가 되었다.

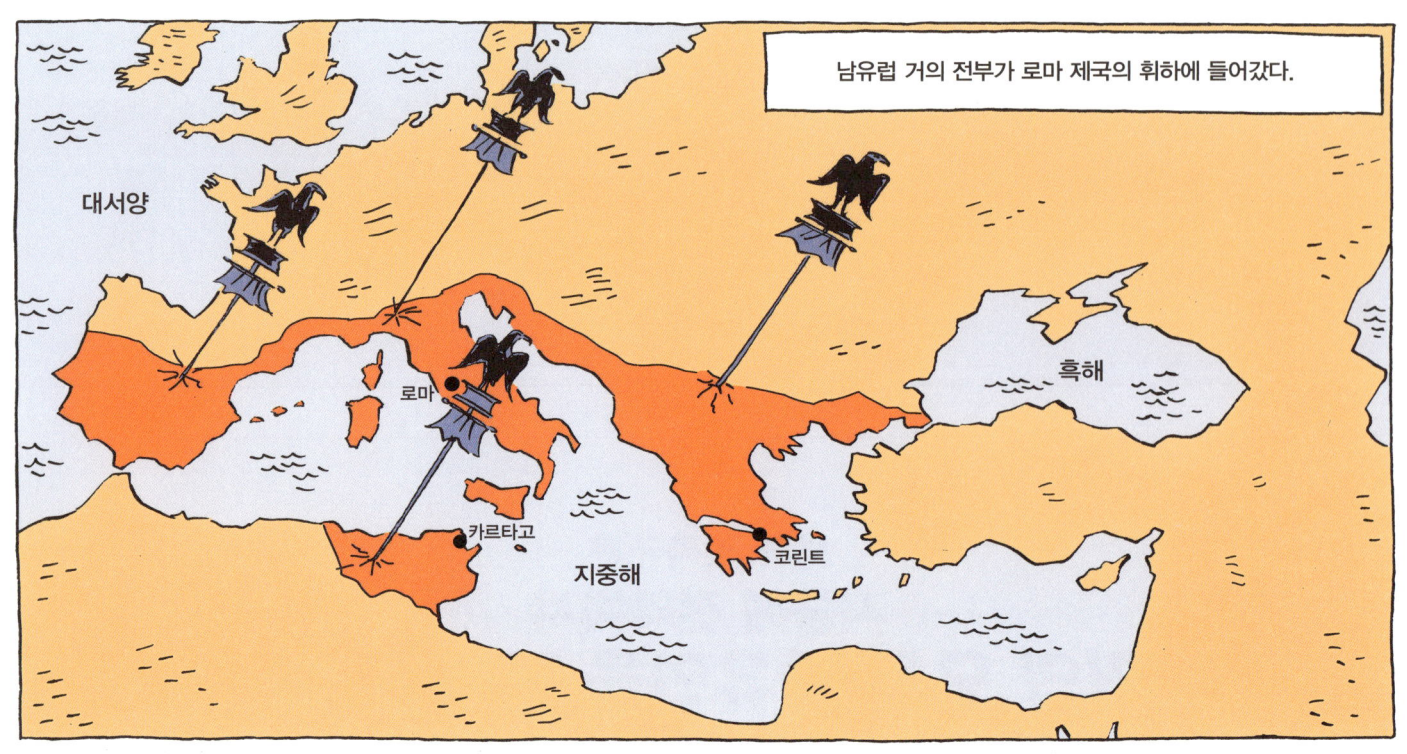

남유럽 거의 전부가 로마 제국의 휘하에 들어갔다.

물론 예외가 있었다! 굽힐 줄 모르는 켈트인들의 작은 도시 누만시아는 여전히 제국의 침략에 맞서 저항하고 있었다.

이 누만시아 사람들에게 지킬 거라곤 작고 척박한 영토밖에 없었다.

하지만 그들은 자유에 강한 애착을 지니고 있었다!

용기는 그들을 무적의 전사로 변모시켰고, 그들을 정복하려던 로마 군대는 번번이 격퇴당했다.

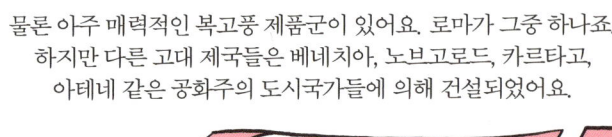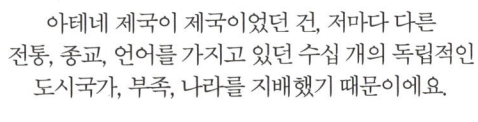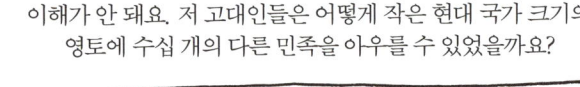

서기 5세기 게르만족의 침략으로 서로마 제국이 멸망했을 때, 누만시아인처럼 수세기에 걸쳐 로마에 정복당한 수백 개 민족들이 제국의 배 속에서 멀쩡하게 걸어나온 건 아니었어요.

그들의 흔적은 거의 남아 있지 않았죠. 한때 자신의 언어를 사용하고 자신의 신을 섬기고 자신의 신화를 이야기했던 민족이지만, 이들의 생물학적 후손은 이제 로마인처럼 말하고 숭배하고 생각했어요. 로마인이 된 거죠.

아르베르니족

누만시아인

헬베티아인

삼니움족

루시타니아인

움브리아인

에트루리아인

그들은 사악한 제국의 몰락에 기뻐하지 않았어요. 이미 자신의 제국으로 여겼으니까요.

제국이 무너질 때 그 치하에 있던 민족이 항상 독립을 쟁취하는 건 아닙니다. 대개는 새로운 제국에 정복되죠. 중동이 대표적인 예입니다.

중동은 여러 리바이어던에게 거듭 삼켜졌어요. 3,000년 전 네오 아시리아 제국이 등장했을 때부터 20세기 중반 영국과 프랑스 제국이 몰락할 때까지, 여러 제국에 의해 연속적으로 흡수되고 통제되었죠.

83

* 1948년 이스라엘 〈독립 선언문〉에서 발췌.

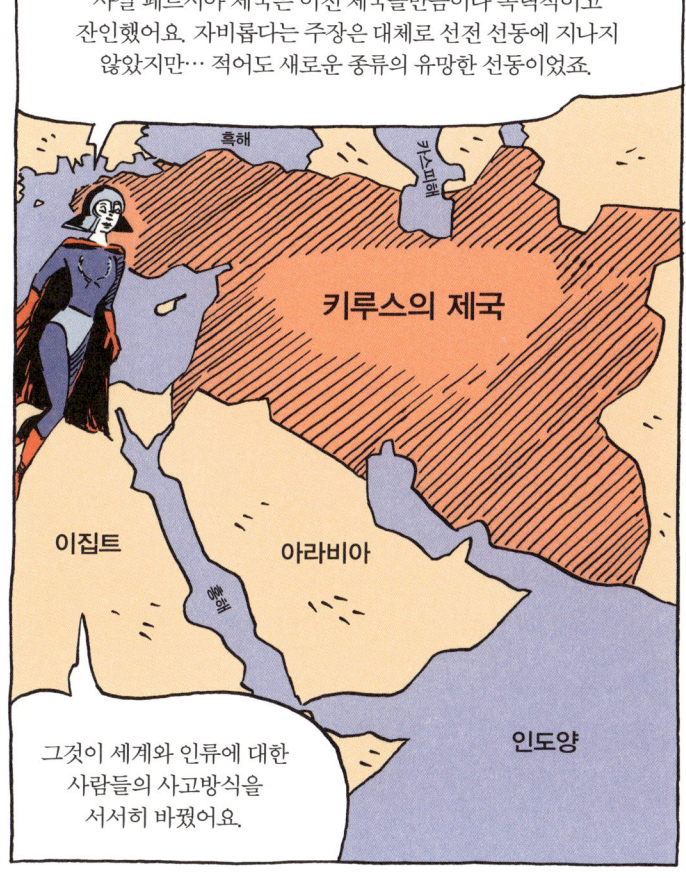

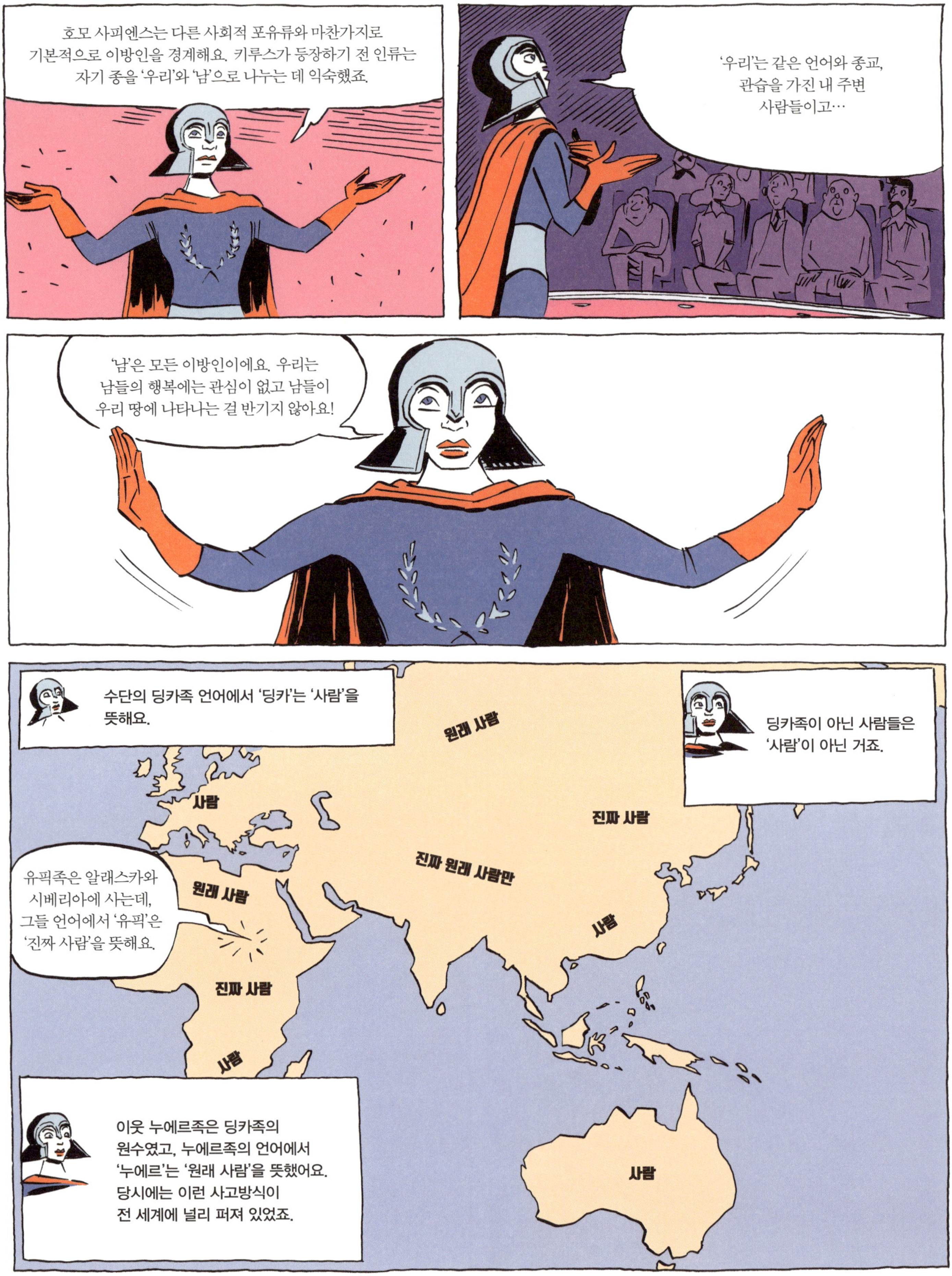

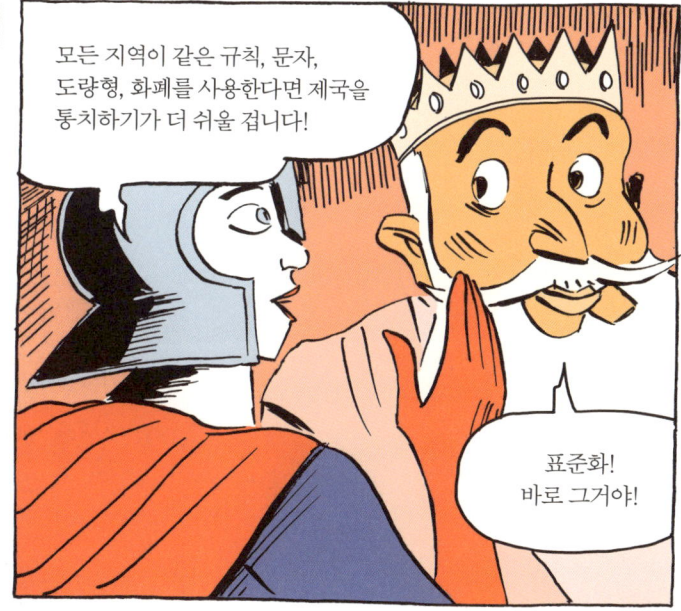

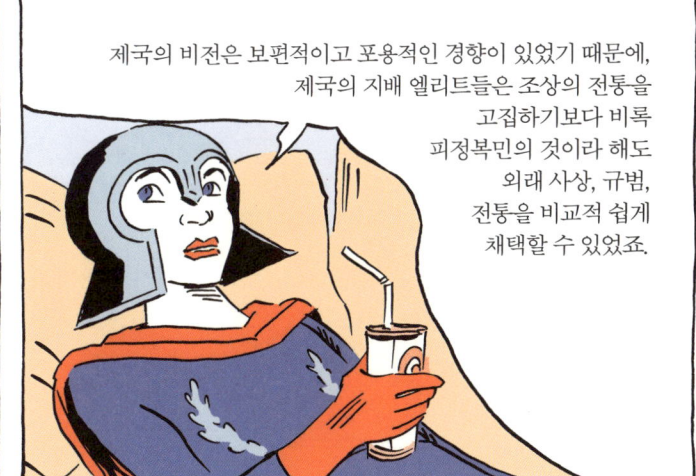

* Arma virumque cano: "무기와 한 남자에 대해 노래하노니…." 《아이네이스》의 첫 소절.

역사상 대부분의 문화는 제국주의와 식민주의를 나쁜 것으로 보지 않았어요. 물론 각 부족과 국가는 자유를 원했지만, 자기들이 정복할 때는 그 사실을 굉장히 자랑스러워했죠.

고대 유대인은 아시리아인과 바빌로니아인에게 정복당한 것을 한탄했지만, 동시에 가나안과 에돔을 정복했던 일을 자랑스러워했어요. 그들은 다윗 왕의 제국 시대를 자신들의 황금기로 여겼죠.

아랍인은 페르시아 제국과 오스만 제국, 그리고 나중에는 영국과 프랑스 제국에 정복당한 것을 슬퍼하면서도, 동시에 자신들이 정복자였던 영광스러운 시절을 그리워했어요.

줄루족, 중국인, 마오리족, 잉카인도 마찬가지예요. 어디를 가든 사람들은 정복당하는 것을 싫어하지만 다른 민족을 정복하는 것은 꺼리지 않죠.

근대 유럽 문화가 등장했을 때 그것은 인권, 자결권, 사회주의, 페미니즘 같은 이상한 사상을 가져왔고, 모든 정복은 본질적으로 잘못이라고 주장했어요.

이런 사상들은 주로 유럽에서 형성된 후 유럽의 제국들에 의해 세계 곳곳으로 퍼져 나갔죠. 유럽인 스스로는 이런 사상에 부합하지 않았고, 전 세계의 원주민을 잔인하게 복속시키고 노예로 삼았어요. 하지만 원주민들은 그들의 사상을 받아들여 더욱 발전시켰죠.

이렇게 현대의 탈식민화는 이전의 해방 투쟁과는 매우 다른 과정이었어요. 탈식민화는 단순히 하나의 민족이 다른 민족으로부터 해방되어 독자적인 정복 행보를 시작하는 것이 아니라, 제국주의에 대한 보편적인 거부였죠. 탈식민화는 그 자체로 제국주의의 유산이었어요!

유럽 제국들이 없었다면, 오늘날 전 세계에서 인간의 보편적 권리인 자결권을 믿는 사람이 몇 명이나 됐을까요?

우리가 신뢰하는
캡틴 달려

* 셰익스피어 희곡 《리처드 3세》의 "A horse, A horse, My Kingdom for a horse(말을 다오, 말을 다오, 말을 가져오면 내 왕국을 주리라)"의 변형 ― 옮긴이.

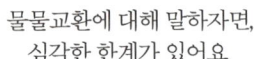

150

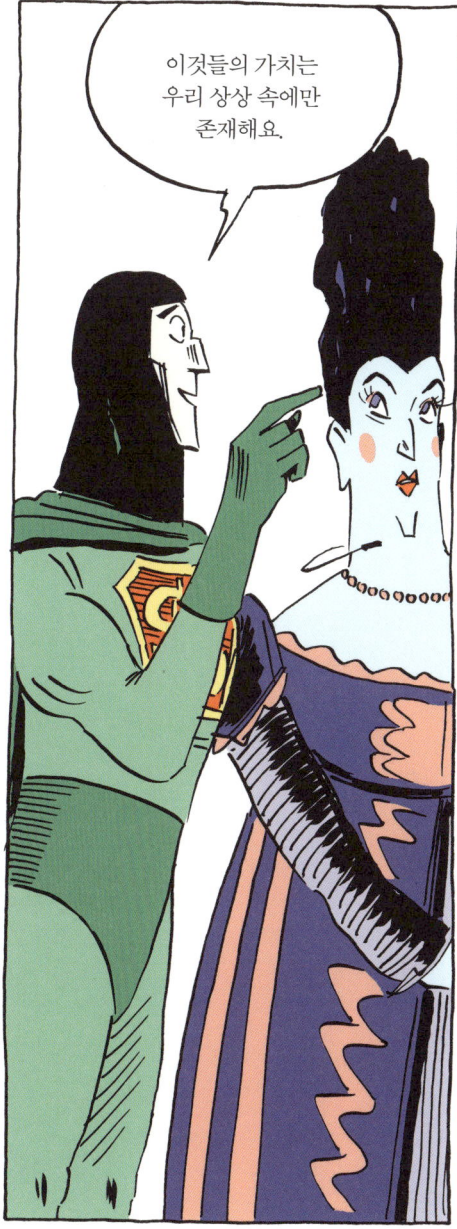

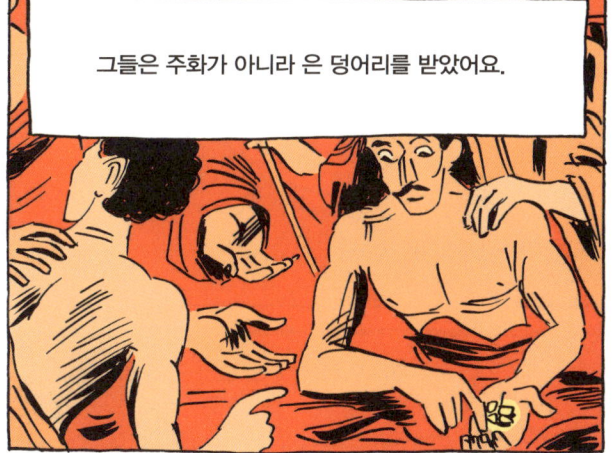

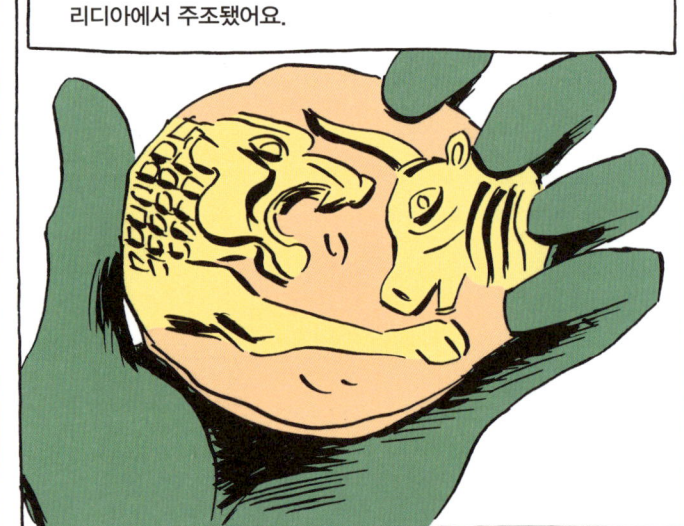

오늘날 사용되는 거의 모든 주화와 지폐가 알리아테스 왕이 찍어 낸 주화의 후손이에요. 표식은 세월이 흐르면서 많이 바뀌었지만… 메시지는 그대로죠.

감히 이 지폐를 위조하는 자는 우리의 서명을 위조하고 우리의 명예를 더럽힌 것이다. 우리는 이 범죄를 매우 엄중하게 처벌할 것이다.

그렇기 때문에 화폐 위조는 항상 심각한 범죄로 취급됐어요. 그냥 사기가 아니라, 왕이나 여왕을 사칭하는 것이니까요!

수세기 동안 화폐 위조범은 반역자나 반란자와 똑같이 처형당했죠.

주화에 이름과 얼굴이 새겨진 주권자를 신뢰한다면, 그가 발행한 화폐도 신뢰하게 될 거예요. 그래서 이집트인들도 로마 주화의 가치를 받아들일 수 있었던 거죠.

로마 제국에서는 이집트인, 그리스인, 유대인, 로마인 등 모든 사람이 로마 황제의 이미지가 찍힌 데나리온 주화의 가치를 의심하지 않았어요.

우리가 '로마 코(매부리코)'라고 부르는 거예요… 진짜인 것 같아요.

이렇게 데나리온은 황제에게 의지했고, 황제는 데나리온에 의지했죠.

주화가 없었다면 로마 제국은 결코 번성하지 못했을 거예요. 시리아에서 보리로 세금을 걷고, 그 많은 보리를 로마 국고로 실어 나른 다음, 다시 영국으로 운반해 그곳에 주둔한 로마 군단에 봉급을 지급한다고 상상해 보세요.

실제로 사람들은 로마 제국 국경 밖에서도 주고받았을 정도로 로마 주화를 신뢰했어요!

서기 1세기에 인도에서 가장 가까운 로마 군단이 수천 킬로미터 떨어져 있었는데도 불구하고, 인도에서 교역하는 상인들은 로마 주화를 받았죠.

스카이맨의 계시

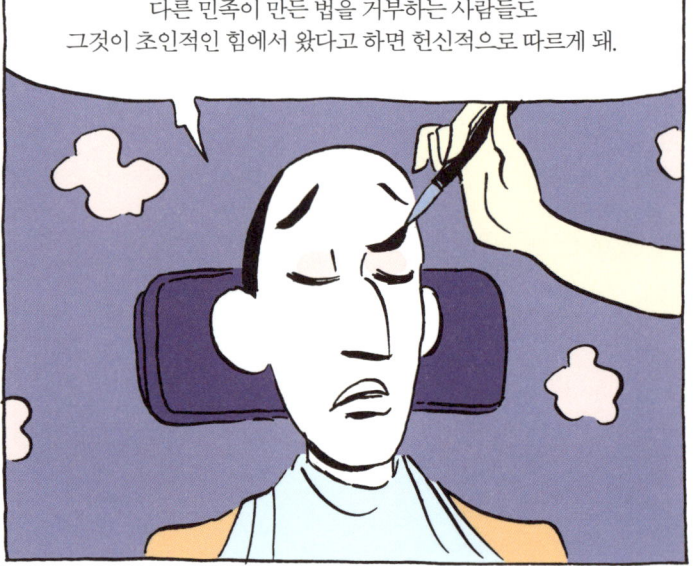

진화! 시즌 12
누가 역사의 배후조종자인가?

〈진화!〉의 최신 에피소드를 찾아 주신 여러분, 환영합니다!

누가 이 환상적인 시즌의 승자가 될지 정말 궁금하시죠?

과연 누가 역사를 이끄는 영광의 주인공이 될까요?

여러분을 더 이상 기다리게 하지 않겠습니다. 자, 마지막 참가자를 모십니다.

스카이맨!!!

* 누가복음 23:34 참조 — 옮긴이.

* 그리스어로 '신'을 뜻하는 '토이스(thoes)'에서 유래.

위대한 신들이 등장하면서
또 다른 변화가 일어났어요.
애니미즘의 장대한 오페라에서는
인간이 사소한 역할을 맡을 뿐이었죠.
인간은 세상의 무수한 생명체 중
하나에 불과했어요. 하지만
위대한 신들이 무대 중심을 차지하고
지역의 정령과 악마를 주변으로
밀어냈을 때, 그 신들은
한 생명체에게 엄청난 중요성을
부여하기로 했답니다.

이 새로운 유신론의
드라마에서는 등장인물이
단둘뿐이었어요.

인간과 신.

바로 호모 사피엔스죠!

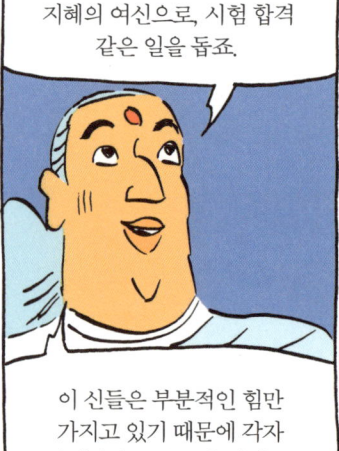

아즈텍인들도 마찬가지였어요! '우이칠로포츠틀리' 신의 말씀을 전파하기 위해 자신들의 위대한 군대를 일으킨 적이 없어요.

그러면 아즈텍인들은 우이칠로포츠틀리와 기타 신들이 세계 모든 사람을 통제한다고 생각하지 않았나요?

네, 다른 민족이 그들의 신을 계속 숭배하기를 바라면 아즈텍인들은 그러라고 했어요.

아즈텍인들은 다른 민족을 노예로 삼지도 않고, 신들에게 전쟁 포로를 제물로 바치지도 않았나요?

네, 아즈텍 신들은 종종 인간 제물을 요구했지만 개종을 요구하지는 않았죠.

다신교를 믿는 정복자들은 피정복민에게 자신의 신을 강요하기는커녕, 피정복민의 신을 받아들이기까지 했어요.

로마로 돌아가 봅시다…

가톨릭교도와 개신교도는 격렬하게 대립하며 반복적으로 서로를 죽이고 학살했어요.

예를 들어 1572년 8월 24일, 선행이 중요하다고 믿었던 프랑스 가톨릭교도들이 신의 사랑만이 중요하다고 믿었던 개신교도를 공격했어요.

이 일로 가톨릭교도가 수천 명의 개신교도를 죽인 사건은 '성 바르톨로메오 축일의 학살'로 알려져 있어요.

교황은 이 소식을 듣고 매우 흡족해하면서, 바사리에게 바티칸에 이 학살을 기념하는 프레스코화를 그려 달라고 의뢰하기까지 했어요.

그 한 번의 학살로, 로마 다신교도에게 300년 동안 학살당한 기독교인보다 더 많은 기독교인이 같은 기독교인의 손에 죽었죠.

돌파구는 기독교와 함께 찾아왔어요. 원래 기독교는 나사렛 예수가 바로 유대인들이 오래 기다려 온 메시아라고 주장하던, 무명의 유대교 종파로 출발했어요.

이 종파의 첫 번째 지도자 중 한 명인 다소(Tarsus)의 바울은, 우주 최고의 힘이 인간을 구원하기 위해 육신을 입고 십자가에서 죽었다면 유대인 외에도 모든 인류가 이 사실을 알아야 한다고 생각했어요.

예수에 대한 소식을 온 세상에 퍼뜨리는 게 마땅해 보였죠.

일신교도들은 지난 2,000년 동안 선두 지위를 유지하기 위해 매우 효과적인 정책을 펼쳤어요.

경쟁자를 없앤 거죠.

첫 번째 1,000년이 끝날 무렵, 대서양과 히말라야산맥 사이의 국가 대부분은 자신들을 우주에서 유일한 신의 지배를 받는 존재로 여겼어요.

1000년경의 이슬람교   1000년경의 기독교

오늘날 동아시아를 제외한 대부분의 국가가 일신교 신앙을 고수하고 있어요. 세계 정치 질서도 일신교 토대 위에 건설되어 있죠.

다신교는 일신교 종교를 낳았을 뿐만 아니라 이원론도 탄생시켰어요. 이원론은 세계가 하나의 큰 신이 아니라 대립하는 두 힘인 '선'과 '악'의 지배를 받는다고 생각하죠.

일신교와 달리 이원론은 악을 독립된 힘으로 간주해요. 이원론은 온 우주를 전쟁터로 여기기 때문에, 세상에서 일어나는 모든 일은 선과 악의 투쟁이 되죠.

이것은 매우 매력적인 세계관이에요. '왜 세상에 악이 존재하는가?'라는 질문에 답이 준비되어 있기 때문이죠.

일신론자들은 신이 전지전능하고 무한히 선하다면 세상에 존재하는 이 많은 고통을 왜 두고 보기만 하는지 설명하지 못해 쩔쩔맵니다. 신이 있다면 왜 좋은 사람들에게 나쁜 일이 일어날까요?

일신론자들이 내놓은 최선의 답은, 인간에게 자유의지를 주기 위해서라는 겁니다. 악이 없다면 사람들은 선과 악을 선택할 일이 없으니 자유의지를 발휘할 여지도 없겠죠.

고전적인 일신론은 선악의 선택에 따라 신의 처벌이 내려진다고 생각해요. 하지만 아무개가 자유의지로 악행을 하고 그 때문에 지옥에서 영원히 벌을 받게 될 것을 알면서도 신이 그를 창조한 이유는 뭘까요?

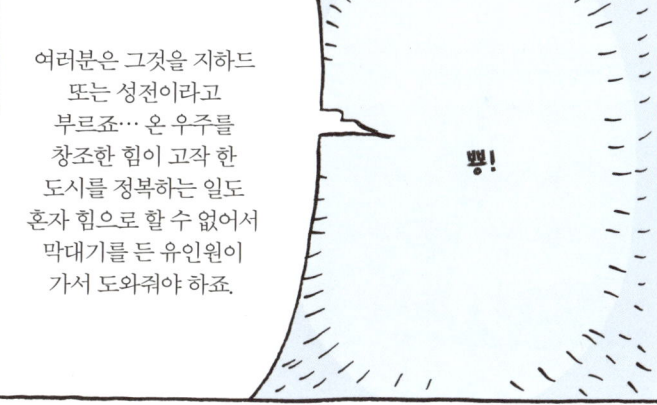

선한 신이 '천국'을 소유하고 악한 신이 '지옥'이라는 어두운 장소를 지배한다는 생각도…

이원론에서 온 거예요.

성경에서 직접 찾아보세요! 구약성경에는 천국과 지옥에 대한 내용이 전혀 없어요.

죽은 후에도 영혼은 사라지지 않는다는 내용도 없죠.

일신교는 세계 대부분을 정복한 것처럼 보이지만, 실제로는 거대한 용광로예요. 평범한 기독교인은 일신교의 신과 이원론의 악마, 다신교의 성인과 애니미즘의 정령을 믿어요. 힘내, 애들아!

똑똑한 학자들은 이 용광로를 혼합주의라고 불러요. 만일 이런 혼합주의가 실제로 하나의 위대한 세계 종교라면요?

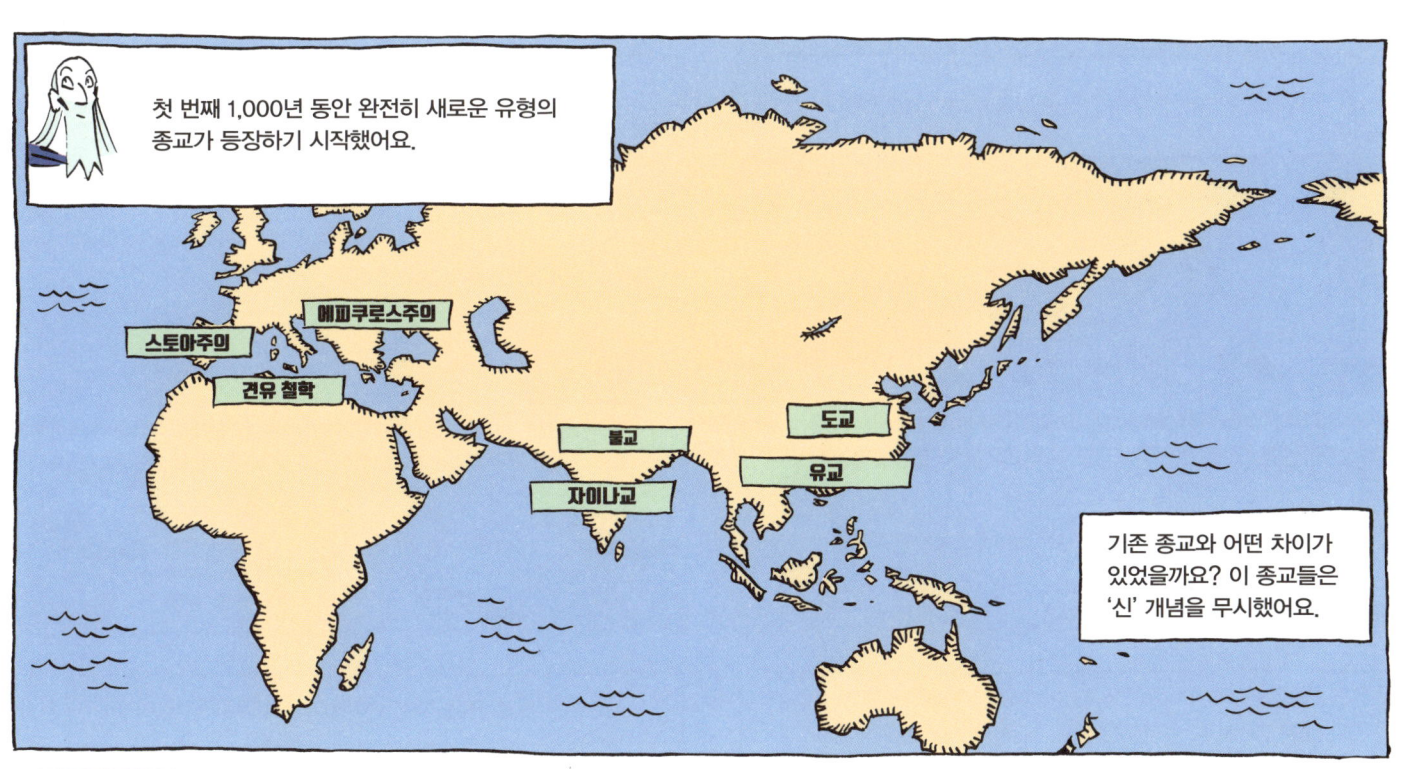

이 어린 왕자는 주위에 만연한 고통을 보며 번민했어요.

그는 남녀노소를 막론하고 모든 사람이 이따금 일어나는 불행에 휘둘리는 것을 봤어요.

전쟁이나 전염병 같은 ….

좋은 시절에도 사람들은 불안, 좌절, 불만에 허우적댔죠. 이 모두가 인간 존재의 한 부분처럼 보였어요.

사람들은 돈과 권력, 지식과 아름다운 것들을 원하고…

자녀를 낳고…

집과 궁전을 짓지만…

무엇을 얻어도 만족하지 못해요!

그럼에도 불교와 그 밖의 자연법 종교들은 신 숭배를 없애지 못했어요. 불자들의 99.99퍼센트는 열반에 들지 못했죠.

힌두 신, 인도

본(Bon) 신, 티베트

신도 신, 일본

그들은 이번 생이나 다음 생에서 열반에 들기를 소망하면서도, 대부분의 시간을 세속적인 목표를 추구하는 데 썼어요. 그리고 그런 세속적인 목표를 이루기 위해 다양한 신에게 도움을 구했죠.

시간이 흐르면서 불교의 여러 종파는 부처들과 보살들의 만신전을 만들었어요. 이 존재들은 열반에 들 수 있었지만…

들지 않아요. 왜 그럴까요? 자비심 때문입니다. 그들은 불행의 수레바퀴에 갇힌 수많은 중생을 구제하는 데 자신을 바칩니다.

그래서 많은 불자는 신을 숭배하는 대신 이런 깨달은 존재들에게 도움을 구하기 시작했어요.

동아시아에서 사람들이 수많은 부처와 보살을 숭배하는 데는 그런 배경이 있어요. 이들은 비를 내려 주고, 전염병을 막고, 전쟁에서 승리를 가져다주는 존재로 여겨졌죠.

보답으로 불자들은 기도, 화려한 꽃, 향기로운 향, 쌀과 사탕을 바쳤어요.

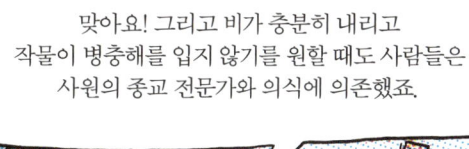

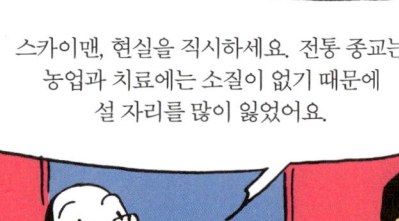

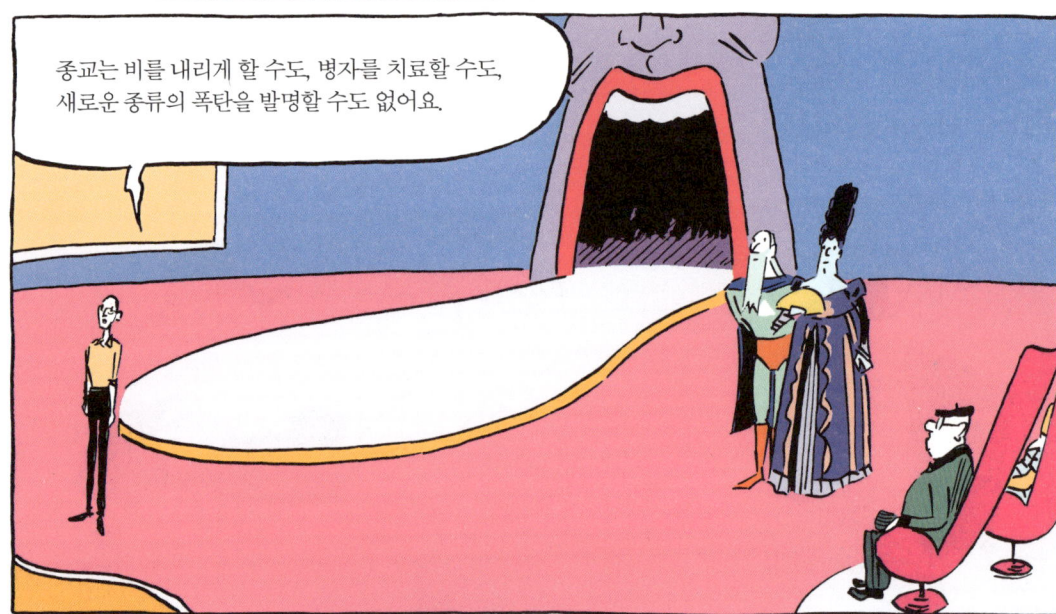

종교는 신도들에게 특별하고 선택받은 존재라고 느끼게 만들어요.

그리고 그렇게 만들기 위해 온갖 종류의 의례와 의식을 이용하죠.

그 때문에 정통 무슬림과 정통 유대교도는 서로 다른 옷을 입고…

다른 기도문을 암송하고…

다른 금기를 지키죠.

이런 종교 전통은 사람들이 자기 집단에 충성하고 다른 집단을 불신하게 만듭니다.

유발, 너무 심한 거 아닙니까! 전통 종교에는 고귀한 미덕도 있어요!

물론 종교의 긍정적인 측면을 언급하지 않는다면 공정하지 않겠죠. 저도 마침 그런 측면을 지적하려고 했어요, 신부님.

종교 의식과 의례는 일상을 아름다운 것들로 채우고, 신도들에게 선행과 자비를 베풀도록 격려합니다.

무슬림은 기도 시간을 알리는 사람의 목소리가 하루 다섯 차례 시장, 사무실, 공장의 소음 위로 울려 퍼질 때 바쁜 일상을 잠시 멈추고 영원한 진리와 연결됩니다.

유대인 가족은 금요일 저녁마다 특별한 식사를 합니다. 기뻐하고 감사하며 사랑하는 사람들과 친밀감을 나누는 시간이죠.

기독교 성가대는 일요일 아침마다 수백만 신도의 삶에 희망을 불어넣으며, 공동체를 신뢰와 애정의 끈으로 묶어 주죠.

인도에서 힌두교도들은 매일 예배와 만트라 암송을 함으로써 같은 목적을 달성합니다.

일본은 놀라운 근대화 프로그램으로 대응했어요. 몇십 년 만에 봉건적 농경 사회에서, 최신 과학 이론과 기술 발명이 이끌어 가는 최고의 산업 강국으로 탈바꿈했죠!

그런 산업 기술력을 바탕으로 육군과 해군을 근대화하고, 중국과 러시아를 물리치고, 타이완과 한국 등 수많은 영토를 정복할 수 있었습니다.

그리고 결국 진주만의 미국 함대를 공격함으로써 패배를 되갚고, 극동을 지배하던 유럽 제국을 파괴했으며, 몇 년 동안 거의 동아시아 전체를 잔인하게 통치했어요.

의식적이든 의식적이지 않든, 많은 현대 정부가 일본의 사례를 따랐어요. 즉, 폭탄을 만드는 데는 보편적 과학 지식을, 폭파범에게 동기를 부여하는 데는 지역의 종교 전통을 사용했죠. 러시아에서는 그것이 정교회였고…

폴란드에서는 가톨릭교였고…

이란에서는 이슬람 시아파였고…

사우디아라비아에서는 와하비즘이었으며…

이스라엘에서는 유대교였어요.

이 국가들은 현대화를 이루면서도 고유한 국가 정체성을 잃지 않기 위해 종교에 의존합니다.

종교는 구시대적으로 보일 수 있지만, 약간의 상상력과 재해석을 곁들이면 거기에 최신 기계와 정교한 현대 제도를 얼마든지 결합시킬 수 있어요.

때때로 현대 국가들은 독특한 정체성을 떠받치기 위해 완전히 새로운 종교를 만들기도 했어요. 가장 극단적인 사례가 과거 일본의 식민지였던 북한일 거예요. 북한은 국민에게 광신적 국교인 주체사상을 주입하죠.

김씨 일가가 태양 여신의 후손이라고 주장하는 사람은 없지만, 김씨 일가 숭배는 역사에 존재했던 어떤 신보다 더 광적인 열정을 불러일으키고 있습니다.

주체사상은 마르크스 레닌주의, 한국 전통 관습, 한민족의 순혈성을 강조하는 인종주의적 믿음, 그리고 김일성 가문에 대한 숭배를 결합한 겁니다.

우리 호화로운 심사위원단 여러분, 투표할 시간이 왔습니다!

누가 이 멋진 대회의 승자가 될까요? 수천 개의 고립된 인간 부족을 오늘날의 지구촌으로 통합한 역사의 배후조종자는 누굴까요? 레이디 엠파이어와 캡틴 달러가 각각 32점을 확보했습니다!

이번에야말로 승자가 가려질 수 있습니다!

스카이맨의 점수는 과연 어떻게 나올까요?

말도 안 돼! 또 32점입니다!

오예! 나 아직 안 죽었어!

감사의 말

이 그래픽 히스토리를 만드는 일은 전 세계에 걸친 협업이었습니다. 이 프로젝트를 가능하게 만든 공동 작업과 조력에 대해 다음 분들에게 감사드리고 싶습니다.

먼저 저와 함께 이 그래픽 히스토리를 공동 저술하는 데 재능과 성심을 쏟아 부은 다비드 반데르묄렝과 다니엘 카사나브에게 감사드립니다. 우리는 지금까지 세 권을 함께 작업했는데, 당신들의 유쾌한 농담과 스토리텔링 기법은 여전히 나를 놀라게 합니다. 인간의 역사를 이야기하는 새로운 방법을 함께 찾아가는 과정이 얼마나 즐거웠는지 모릅니다.

원고를 신중하게 편집해 준 마르탱 젤레르와 마리옹 자블론스키,

프랑스어 원고를 영어로 멋지게 번역하고 교열해 준 아드리아나 헌터,

그림에 색채로 생명을 불어넣은 클레르 샹피옹,

다언어 다국적 팀이 효과적으로 협력할 수 있도록 이끌어준 로랑 트리우와 아가트 카뮈, 그리고 이 협업을 성사시켜 준 알뱅 미셸 출판사의 출판팀 전체에 감사드립니다.

이 시리즈의 또 다른 훌륭한 한 권을 세상에 선보이게 해준 사피엔스십 팀에게 감사드립니다.

최고 경영자 나아마 아비탈, 최고 마케팅 책임자 나아마 바르텐부르크, 원고 제작을 조율한 아리엘 레틱, 제이슨 패리가 이끄는 리서치 팀의 짐 클라크, 왕자산, 도르 쉴튼, 더불어 한나 샤피로, 셰이 아벨, 다니엘 테일러, 미카엘 주르, 첸광위, 나다브 노이만, 트리스탄 머프, 갈리에테 카치르에게 감사드립니다.

다양성과 젠더에 대해 조언해 주고 책 내용과 관련해 추가 도움을 제공한 아디 모레노,

평생 지지와 격려를 보내준 어머니 프니나 하라리,

창의적이고 열정적이며 용기 있고 항상 나를 신뢰하는 사랑하는 동반자이자 사피엔스십의 공동창립자 이치크 야하브에게 감사드립니다.

_유발 하라리

마르탱 젤레르에게 감사드립니다.

_다니엘 카사나브

이 책의 내용에 대해

과학의 미덕은 항상 발전한다는 것이다. 새로운 발견이 세계에 대한 우리의 이해를 끊임없이 변화시키고 있다. 이 책의 저자들과 편집부는 역사적 사건을 제시할 때 집필 당시 최신 과학 연구를 반영하기 위해 최선을 다했다. 하지만 증거의 특정 조각들을 해석하는 것을 둘러싸고 학자들 사이에 많은 논쟁이 지속되고 있고, 이 논쟁들 중 일부는 영영 속시원한 결론이 나지 않을지도 모른다. 미래의 발견과 혁신은 과거에 대한 우리 이해를 뒤바꿀 수 있으며, 우리는 그런 획기적 진전을 기대해야 한다.

사피엔스: 그래픽 히스토리 Vol.3 역사의 배후

1판 1쇄 발행 2024. 4. 19.
1판 14쇄 발행 2025. 2. 27.

원작·각색 유발 하라리
각색 다비드 반데르묄렝 그림 다니엘 카사나브
옮긴이 김명주

발행인 박강휘
편집 박민수 디자인 이경희 마케팅 정성준 홍보 이한솔
발행처 김영사
등록 1979년 5월 17일(제406-2003-036호)
주소 경기도 파주시 문발로 197(문발동) 우편번호 10881
전화 마케팅부 031)955-3100, 편집부 031)955-3200 | 팩스 031)955-3111

값은 뒤표지에 있습니다.
ISBN 978-89-349-3573-5 07900 | 978-89-349-9131-1(세트)

홈페이지 www.gimmyoung.com   블로그 blog.naver.com/gybook
인스타그램 instagram.com/gimmyoung 이메일 bestbook@gimmyoung.com

좋은 독자가 좋은 책을 만듭니다.
김영사는 독자 여러분의 의견에 항상 귀 기울이고 있습니다.